Nadolig y _ . , ..

ex libris

Candlestick Press

Cyhoeddwyd gan:
Candlestick Press,
Diversity House, 72 Nottingham Road,
Arnold, Nottingham NG5 6LF
www.candlestickpress.co.uk

Cynllunio, cysodi, argraffu a chynhyrchu gan Diversity Creative
Marketing Solutions Ltd., www.diversity.agency

ISBN 978 1 907598 37 1

Acknowledgements:
Cydnabyddiaeth: Comisynwyd 'The Christmas Wren' gan Ganolfan Dylan
Thomas, Abertawe, www.swansea.gov.uk/dtc

'Y tu mewn i'r blwch, wedi eu lapio a'u cadw yn y tywyllwch,
y mae'r holl Nadoligau a fu erioed ...'

Nadolig y Dryw

Un tro, roedd tŷ gerllaw llyn, a'r tu mewn iddo, dŷ arall
– ffarm wen, ei hystafelloedd yn llawn o donnau'n torri, a'r
tu mewn i'r ffarm, dŷ coch, tal, lle y cwynai, gefn nos, gorn
niwl ymhell dros y môr fel lleuad goll. A'r tu mewn iddyn
nhw oll roedd y Nadolig.

Cedwid y Nadolig mewn blwch yn y llofft gydol y
flwyddyn, nes y canai rhywun 'Draw yn ninas Dafydd
Frenin' y tu allan i ddrws ffrynt ein tŷ, ac y datganai
ffenestri siopau Nadolig Llawen mewn ysgrifen-eira
gwlân-cotwm, ac y deuai fy nhad adref â
choeden ac arni sawr y goedwig, ac y
chwifiai fy mam ei dwylo blawdog gan
does sêr a chelyn, cyn eu sychu yn ei brat
a dweud, 'Paid â dod â'r hen goeden
'na mewn fan hyn!'

Ond fe wnaeth. A gwthio'i throed geinciog i fwced o dywod, ei chario i'r lolfa a'i gosod hi gerllaw'r ffenest, ble y gallai hi edrych ar y llyn. Yna, ar ras â ni lan y grisiau, ac yntau'n gollwng yr ysgol fach a dringo drwy'r trapddrws yn y nenfwd, a dychwelyd â'r hen flwch cardbord ac arno'r gair NADOLIG. Byddai'n clecian fel casged o olau'r lleuad.

Yn y tŷ gerllaw'r llyn, neu yn y ffarm wen, neu yn y tŷ coch, ac ym mhob tŷ ers hynny, dadbaciwn beli bach o bapur sidan, bob un yn gronnell wydr yn llawn o'n byd – ein hystafell, y ffenestri, y llyn rhewedig, y dref befriol, a'n hwynebau â'u cegau led y pen fel cegau pysgod aur mewn powlen. Y tu mewn i'r blwch, wedi eu lapio a'u cadw yn y tywyllwch, mae'r holl Nadoligau a fu erioed, yn y tŷ gerllaw'r llyn, neu yn y ffarm wen, neu'r tŷ coch tal, neu yn unrhyw le.

Y tu mewn i'r blwch mawr, wedi eu nythu mewn blychau llai, mae peli gwydr a thylwyth teg o waith ein dwylo, angylion papur a brethyn, adar o fwydion papur, sêr, tinsel, canwyllbrenni adeg rhyfel pan oedd 'na gyfraith yn gwahardd goleuadau a phan oedd y siopau'n wag, a'r preseb a'i ych a'i asyn, ei Fair a'i Joseff, ei ddoethion a'i fugeiliaid, a gwifrau hir, gwyrdd, clymog o fân oleuadau coeden.

Fy ffefryn yw aderyn bach brown, a hwnnw mor real fel y
tyngwn ei fod yn fyw, a chanddo draed o wifrau sy'n plygu
er mwyn iddo glwydo ar y gangen.

Yn y corneli ar waelod y blwch mae llawr fforest o
nodwyddau pîn a disgleirdeb olion traed o rew, a phêl wydr
yn deilchion fel y lleuad pan wêl ei hwyneb mewn dŵr.

Yn y tŷ cyntaf mae Mam-gu. Mae hi'n sawru o lafant, golau-sêr a menthol ar gyfer ei brest. Mae hi ar ei heistedd yn y gwely yn yr ystafell sydd â'i ffenest yn syllu ar y llyn. Mae eira'n disgyn ddydd a nos. Mae'r llyn wedi rhewi. Rhedwn ar yr iâ, gan dynnu'r sled a luniodd fy nhad o hen flwch pren, ac mae'r elyrch yn gwgu ar y dŵr caled o'r lan frwynog.

Enw Mam-gu yw Ga.

'Cariad', medd Ga, 'estyn y parsel 'na. Paid ti â'i ollwng e, nawr.' Gosodaf y parsel bach wrth ei hymyl ar y gwely. Mae rhywbeth yn tincial yn rhydd ynddo. Mae f'enw i arno.

Wedi ei barselu â phapur Nadolig crychiog y llynedd,
a'r flwyddyn cyn honno, wele set o lestri te ar ei hambwrdd
bach ei hunan. Dau gwpan gwyrdd lliw afalau, mor fân
â phlisg wyau, a soseri, a jwg, a thebot. Arllwysaf de i
Ga ac i minnau, gan ddiferu heulwen o'r tebot tegan i'r
cwpanau mân.

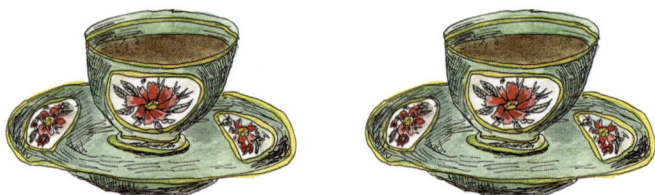

Neu a yw hi'n Nadolig yn y ffarm wen? A minnau'n
dadbacio tegan o dŷ ffarm â cholyn ar draws ei fuarth i'w
gadw ymhlyg, a blwch o anifeiliaid plwm – buwch a llo,
hwch a pherchyll, ceffyl ac ebol ac ieir mân?
Neu yn y tŷ coch, tal, y daw o'r papur Nadolig
crychiog ddol hen ffasiwn wyneb porslen,
a chanddi lygaid glas agor-a-chau seren ffilm,
a breichiau a choesau cymalog, ac esgidiau
bach lledr?

Bob amser, mae 'na gyfrinachau, yn sibrwd fel
golau-sêr mewn wardrobs, dan welyau, yn y cwpwrdd dan
y grisiau. Ar noswyl y Nadolig, mae rhywun yn crynu
golau'r landin wrth ddod ar flaenau'i draed i mewn i'm
ystafell. Mae rhywbeth lympiog yn pwyso ar fy nhraed ar
waelod fy ngwely.

Mae'r Nadolig yn y tŷ gerllaw'r llyn, neu yn y ffarm wen,
neu yn y tŷ coch, tal, yn llawn o sŵn, y radio, fy mam a'm
tad, Ga, Wncwl Howard, a'm tair modryb – Ceridwen,
(fe'i gelwir gennym yn Ceri), Phyllis a Doris – a phob un
yn clebran yn Gymraeg a Saesneg, a'm chwaer fach yn
crio, a chymdogion yn galw heibio, a'm mam ffwdanus yn
clindarddach yn y gegin, ei hwyneb pert yn goch gan wres
y ffwrn a'r holl ffys.

Mae Doris yn gyfoethog ac yn gyfareddol, â'i chot ffwr, a'i gwallt claerwyn cwta, tonnog fel seren-ffilm.

'Perocsaid', medde fy mam. 'Cot finc a dim nicyrs', medde Ceri.

Mae Ceri'n dlawd, gan ei bod yn gwario'i harian i gyd ar sigaréts a lipstic, ac mae ganddi dymer wyllt. Mae Doris yn byw mewn tŷ mawr â charpedi gwyn a phiano cyngerdd bach gwyn na fydd neb byth yn ei chwarae. Mae Ceri'n byw mewn carafán yn yr ardd. Mae'n llaith ac mae ganddi hi asthma. Weithiau mae'n byw yn y tŷ mawr am wythnos nes iddi hi a Doris gweryla eto a bydd Ceri'n rhedeg bant am sbel, weithiau i'r garafán, unwaith ar drên gyda dyn priod, ond aeth fy nhad i'r orsaf i'w hebrwng adref.

Gan ei bod yn Nadolig maen nhw'n cweryla fel adar y
to yn ein parlwr, ac mae Anti Phyllis yn twt-twtian ac yn
sychu'i llygaid â hances les. Clerc ar y rheilffordd yw
Phyllis, ac mae hi'n treulio'i holl amser sbâr yn darllen
barddoniaeth a Shakespeare ac yn ysgrifennu llythyron ar
bapur glas, a lladdwyd ei sboner yn y rhyfel. Bydd Wncwl
Howard, sy'n briod â'r Doris gyfareddol, yn wincio arnaf
gan daro'i bibell ar y ffender a gwasgu baco iddi â'i fawd,
a daw fy mam â mins peis yn dwym o'r ffwrn,
a daw fy nhad â sieri, a gosod carolau ar y
radio, a swyno'i chwiorydd i ymdawelu.
Wedyn, mae popeth yn dawel am ychydig.

Roedden nhw 'slawer dydd. Y tŷ ger y llyn, y ffarm wen, y
tŷ coch, tal, a'r modrybedd, wncwl, tad, mam, Ga, a'r ddol
â'r wyneb porslen. Heno, mewn hen dŷ-hir ar fryn, rhown
ein coeden yn ei thwba o bridd. Fe'i gosodwn yng nghornel
stafell ifanc o dderi a chanddi furiau o wydr, a adeiladwyd
wrth dalcen yr hen dŷ-hir.

Wedi ei lluosogi'n y gwydr yn erbyn y nos, tyf y goeden yn
goedwig. Coed, peli bach, a'r holl Nadoligau disglair, wedi
eu rhyddhau fesul un o'u papur sidan. A'r tu hwnt i'r gwydr,
rhwng y coed, mae'r modrybedd, wncwl, fy nhad, fy mam,
Ga, a'r ddol borslen a'r holl hynafiaid, yn cerdded ddistawed
â chysgodion dros yr eira i gamu i'r stafell i'n gwylio'n
dadbacio'r blwch a byth bythoedd y tu mewn iddo.Nid yw to
na muriau'r hen dŷ-hir hwn yn ffitio mor ddiddos ag y dylen
nhw. Mae e'n anadlu ac yn gwichian. Mae ambell agen sy'n
caniatâu i'r golau dreiddio a bylchau ar gyfer bysedd y gwynt,
neu lygoden fach, neu aderyn bach brown.

Yn y bore fe ddihunwn i weld cawod arall o eira. Mae'r coed yn yr ardd yn disgleirio'n angylaidd ac mae sawr Nadolig yn y tŷ. Yng nghornel y stafell wydr mae'r goeden yn crynu'n ddisglair gan dinsel. Ar frig ei changen uchaf mae rhywbeth yn stwyrian, fel eich calon wrth i chi ddadbacio holl Nadoligau eich bywyd o'r blwch.

Mae rhywbeth yn fyw. Dihangodd rhywbeth rhag gwawr yr eira. Aderyn bach brown, â'i lun drachefn a thrachefn yn y gwydr, fel petai holl adar bach brown y byd yn cysgodi rhag yr oerfel ar ein coeden Nadolig ni. Ar frig ei changen uchaf, yn hytrach na seren Bethlehem, yn crynu, yn fyw, mae dryw.

Epilog

Bu *'A Child's Christmas in Wales'* Dylan Thomas fel petai'n rhan o fy mywyd ar ei hyd. Clywn ynddi ddull llefaru fy nheulu o Orllewin Cymru pan ddeuent ynghyd i gadw gŵyl, cerddoriaeth dull y byd o ganu, a chyfaredd amherffaith y tymor, yn ddilys, un ac oll.

Yn 2012, derbyniais gomisiwn gan Ganofan Dylan Thomas yn Abertawe i gynnig fy ymateb personol i stori Dylan. Y cyfan a wyddwn oedd y byddai'n rhaid i'm stori fynegi fy ngwirionedd innau. Byddai'n rhaid iddi ganu fel fy Nadoligau i. Gan mai gŵyl aeaf flynyddol gydol ein bywydau yw'r Nadolig, fe'i cofiwn ac fe'i anghofiwn. Mae'n ffrwydrad serennog digon disglair i beri ebychiad o bleser, yn ddigon byr i'w golli i'r fagddu ag ochenaid, wrth orchuddio'i ddisgleirdeb ym mis Ionawr am flwyddyn arall. Y cyfan sy'n weddill yw llwch sêr ar ein bysedd, disgleirdeb ar waelod blwch yn yr atig, a lleisiau pobol a ymgasglodd o'n cwmpas dros dro.

Gillian Clarke